Y. Mr Delaborde (cabinet des Estampes)
1869 – Avril – 12

Cabinet de M. Y***

ESTAMPES

DES

XVe, XVIe ET XVIIe SIÈCLES

VENTE

Le Lundi 12 Avril 1869

EXPOSITION PUBLIQUE

Le Dimanche 11 Avril 1869, de 1 heure à 5 heures

Me DELBERGUE-CORMONT
COMMISSAIRE-PRISEUR

M. ROCHOUX
MARCHAND D'ESTAMPES

PARIS – 1869

RENOU & MAULDE

IMPRIMEURS DE LA COMPAGNIE DES COMMISSAIRES-PRISEURS

Rue de Rivoli, 144

Cabinet de M. Y***

ESTAMPES

DES

XVe, XVIe ET XVIIe SIÈCLES

Maître au Monogramme E. S., de 1466, Bocholt, Zwott
Martin Schongauer, Israel van Mecken
Albert Durer, Lucas de Leyde, Henri Goltzius, Berghem, Rembrandt
K. Dujardin, Roos, Antoine van Dyck, etc.

NIELLES ITALIENS

DONT LA VENTE AURA LIEU

HOTEL DES COMMISSAIRES-PRISEURS

Rue Drouot, 5

SALLE N° 4, AU PREMIER ÉTAGE

Le Lundi 12 Avril 1869

A UNE HEURE PRÉCISE

Me **DELBERGUE-CORMONT**, Commissaire-Priseur,
rue de Provence, 8,

Assisté de **M. ROCHOUX**, M^d^ d'Estampes, quai de l'Horloge, 19,

CHEZ LEQUEL SE DISTRIBUE LE CATALOGUE

EXPOSITION PUBLIQUE

Le Dimanche 11 Avril 1869, de une heure à cinq heures

PARIS — 1869

ORDRE DE LA VACATION

LUNDI 12 AVRIL .... Nos 61 à 236
Nos 1 à 60

CONDITIONS DE LA VENTE

Elle sera faite au comptant.

Les acquéreurs paieront en sus des prix d'adjudication CINQ POUR CENT applicables aux frais.

Nous avons conservé, dans la composition de ce Catalogue, la classification de l'amateur.

L'adoption de l'ordre chronologique, lui offrait plus de facilité pour l'étude des maîtres.

Le maître de 1466, dont les œuvres sont si rares, se trouve placé en tête. Il est représenté par cinq pièces. On comprend l'intérêt qui s'attache aux productions d'un artiste, qui datent de la seconde moitié du XVe siècle.

Martin Schongauer, vient ensuite. Ses Estampes sont des plus recherchées, et à juste titre. *L'Adoration des rois*, *le grand Portement de croix*, *la Vierge au perroquet*, *onze pièces de la Passion*, montrent à quel degré de puissance le maître était parvenu.

Les plus beaux morceaux de Durer et de Lucas de Leyde, figurent aussi dans ce Catalogue.

De Goltzius, nous avons la suite des chefs-d'œuvre en magnifiques épreuves.

De REMBRANDT, BERGHEM, KAREL DUJARDIN, des eaux-fortes remarquables.

De WOUVERMANS, la seule pièce qu'il ait produite.

De VAN DYCK, trois beaux portraits du premier état, dans la condition la plus parfaite.

D'ADRIEN VAN OSTADE, plusieurs de ses eaux-fortes les plus spirituelles.

Nous nous bornons à ces citations qui suffisent bien pour attirer l'attention des amateurs sur une collection peu nombreuse, mais qui renferme des morceaux de la plus grande rareté.

A. R.

DÉSIGNATION

DES

ESTAMPES

I

GRAVEURS AU BURIN

ÉCOLE ALLEMANDE

MAITRE AU MONOGRAMME E. S., DE 1466.

(Bartsch VI, page 1.)

1 — Jésus-Christ au jardin des Oliviers. B. 15. Très-belle ép. parfaitement conservée.

2 — Jésus pris par les juifs. B. 16. Superbe ép.

3 — Jésus-Christ devant Hérode. B. 20. Superbe ép.

4 — Le saint Suaire tenu par les apôtres saint Pierre et saint Paul. B. 86. Pièce très-importante, *extrêmement rare.* Superbe ép. Elle est doublée.

5 — Jeune Femme tenant l'écusson aux armoiries d'Autriche. B. 92. *Extrêmement rare.* Très-belle ép.

NIELLES DU XVe SIÈCLE.

(Passavant I, p. 306.)

6 — Martyre de saint Jean. *Pass.* 558. *Rare.* Tres-belle ép.

7 — Saint Georges. *Pass.* 575. *Rare.* Très-belle ép.

SCHONGAUER (Martin), 1445-1488.

(B. VI, p. 103.)

8 — L'Adoration des Rois. B. 6. Superbe ép. Tirée sur papier à la tête de bœuf.

9 — La Prise de Jésus-Christ. B. 10.

10 — Jésus-Christ devant le grand-prêtre. B. 11.

11 — La Flagellation. B. 12.

12 — Le Couronnement d'épines. B. 13.

13 — Jésus devant Pilate. B. 14.

14 — Jésus présenté au peuple. B. 15.

15 — Le Portement de croix. B. 16.

16 — Le Crucifiement. B. 17.

17 — La Sépulture. B. 18.

Cette pièce a quelques restaurations.

18 — La Descente aux Limbes. B. 19.

19 — La Résurrection. B. 20.

Ces onze pièces de la Passion sont très-rares à rencontrer de cette beauté.

20 — Le Portement de croix. B. 21. Chef-d'œuvre du maître. Superbe ép. *Très-rare.*

21 — La Vierge au perroquet. B. 29. Très-jolie pièce. Superbe ép.

WOLF HAMMER, 1483-1497.

(B. VI, p. 400. Passavant II, p. 129.)

22 — Le Portement de croix. Pass. 29. Magnifique ép. d'une pièce *extrêmement rare*. Il y a un morceau de 2 centimètres environ refait dans le haut sur la largeur de la pièce, mais sans affecter la composition.

ZWOTT (le maître à la navette), 1450-1500.

(B. VI, p. 90. Pass. II, p. 178)

23 — La Tentation de Jésus-Christ. Pass. 34. Petite pièce *extrêmement rare*. Belle ép.

BOCHOLT (Franz von), 1450-1500.

(B. VI, p. 77. Pass. II, 186.)

24 — La Tentation de saint Antoine. Pass. 45. Magnifique ép. sur papier au P. gothique. *De la dernière rareté*. Cette pièce a été pliée et a quelques restaurations.

ISRAEL VAN MECKEN, vers 1450-1520.

(B. VI, p. 184. Pass. II, p. 190.)

25 — L'Annonciation. B. 34. Superbe ép. tirée sur papier à la main surmontée d'une fleur.

26 — La Messe de saint Grégoire B. 100. Très-belle ép.

27 — Sainte Hélène. *Pièce non décrite, extrêmement rare*. Superbe ép.

MAITRE ANONYME du xve siècle.

(Pass. II, p. 224.)

28 — La Vierge avec l'Enfant Jésus qui tient un chapelet. Pass. 104. Très-belle ép.

DURER (Albert), 1441-1528.

(Bartsch VII, p. 1.)

29 — La Face de Jésus-Christ portée par deux anges. B. 25. Magnifique ép.

30 — La Vierge à la couronne d'étoiles, 1508. B. 31. *Rare*. Belle ép.

31 — La Vierge à la couronne d'étoiles et au sceptre. 1516. B. 32. Très-belle ép.

32 — La Vierge donnant le sein à l'Enfant Jésus, 1519. B. 36. Superbe ép.

33 — La Vierge couronnée par deux anges, 1518. B. 39. Très-belle ép.

Il y a quelques petites restaurations.

34 — La Vierge assise au pied d'une muraille, 1514. B. 40. Superbe ép.

35 — La Vierge à la poire, 1511. B. 41. Magnifique ép.

36 — Quatre Disciples de Jésus-Christ, 1514-1526. B. 46-49. Très-belles ép. avec grandes marges.

37 — Saint Eustache. B. 57. Pièce capitale. Superbe ép. tirée sur papier à la haute couronne.

L'estampe ayant été pliée, a quelques cassures soutenues par de petites bandes de papier collées au verso.

38 — Saint Jérôme dans sa cellule, 1514. B. 60. Très-belle ép.

39 — Cinq Etudes de figures. B. 70. A l'eau-forte. Superbe ép. du 1er état avant les taches de rouille.

40 — La Mélancolie, 1514. B. 74. Pièce capitale. Superbe ép. Elle a une petite marge.

DURER (ALBERT), 1441-1528

(Bartsch VII, p. 1.)

41 — Le Groupe de quatre femmes nues, 1497. B. 75. Suberbe ép. tirée sur papier à la tête de bœuf.

42 — La grande Fortune. B. 77. Pièce capitale. Magnifique ép. tirée sur papier à la haute couronne, avec petites marges.

43 — Le Paysan et sa Femme. B. 83. Superbe ép. avec petites marges.

44 — L'Enseigne. B. 87. Très-belle ép. avec petites marges.

45 — L'Assemblée des gens de guerre. B. 88. Superbe ép.

46 — Le Paysan du marché. B. 89. Superbe ép.

47 — Le Violent. B. 92. Magnifique ép. tirée sur papier à la haute couronne.

48 — Le petit Cheval, 1505. B. 96. Superbe ép. tirée sur papier à la tête de bœuf, avec marges.

49 — Le Grand Cheval, 1505. B. 97. Superbe ép. avec marges.

50 — Le Cheval de la mort, 1513. B. 98. Superbe ép. Doublée.

51 — Les Armoiries au coq. B. 100. Pièce capitale. Superbe ép. avec petites marges.

52 — Albert de Mayence, dit le Petit Cardinal, 1519. B. 102. *Très-rare* Superbe ép. (*De la Collection Debois.*)

53 — Frédéric, duc de Saxe. B. 104. Superbe ép. tirée sur papier à la petite cruche.

DURER (ALBERT), 1441-1528.

(Bartsch VII, p. 1.)

54 — Philippe Melanchton, 1526. B. 105. Epreuve de toute beauté, à grandes marges.

55 — Erasme de Rotterdam, 1526. B. 107. Magnifique ép. *Très-rare.*

PIÈCES GRAVÉES SUR BOIS

56 — Jésus-Christ sur la croix, 1510. B. 55. Très-belle ép. avec le poëme. *Extrêmement rare.*

57 — La Mort de la Vierge, 1510. B. 93. Très-belle ép. sur papier à la haute couronne, avant le texte.

58 — La Sainte Famille dans une chambre voûtée. B. 100. Superbe ép. sur papier à la tête de bœuf.

59 — Sainte Madeleine transportée au ciel. B. 121. Superbe ép.

BURGKMAIR (HANS). 1473-1531.

(B. VII, p. 197.)

60 — Jeune Femme effrayée à la vue de la mort qui saisit un jeune homme. B. 40. Clair obscur. Belle pièce. *Rare.*

BEHAM (Hans-Sebald), 1500-1550.

(B. VIII, p. 112)

61 — Le Paysan à la fourche et son compagnon. B. 188 et 189. Deux pièces. Superbes ép. du 1er état avant la retouche.

62 — Le Vieillard et le Valet. B. 206. A l'eau-forte. Très-belle ép. du 1er état avant les taches de rouille.

BINCK (Jacob), de Cologne, 1490-1569.

(B. VIII, p. 249.)

63 — Le Soldat allemand au pied de l'arbre. B. 77. Très-belle ép. du 1er état avant les taches de rouille.

PENCZ (George), 1500-1556.

(B. VIII, p. 319.)

64 — La Mort de Lucrèce. B. 79. Très-belle ép.

65 — Artémise. B. 83. Très-belle ép.

ANONYME du xvie siècle.

(B. X, p. 134)

66 — Combat entre des dieux marins. B. 5. *Rare*. Très-belle ép.

KILIAN (Lucas), 1579-1637.

67 — Christian de Brandebourg.

68 — Christian IV, roi de Danemarck.

69 — Georges Fugger.

KILIAN (Lucas), 1579-1637.

70 — Paul Jenisch.

71 — Euphrosine Matsberger.

72 — Jacob Reihing.

73 — Jean Ruland, médecin.

74 — François de Traytorrens.

75 — Adam Gumpelzhaimer, célèbre musicien.

76 — Jean-Frédéric, duc de Wurtemberg.

KILIAN (Wolfgang), 1581-1662.

77 — Charles Ier, d'Angleterre.

78 — Jacques, roi d'Angleterre.

79 — André Strole, bourgmestre.

80 — Frédéric de Teuffenbach.

81 — Christophe Welser, marchand d'Augsbourg.

82 — Maximilien Wilibald, comte de Wolfegg.

KILIAN (Barthélemy), 1610-1696.

83 — Jean Wieselius, opticien.

KRETSCHMANN (Carl), vers 1650.

84 — C. Kretschmann, à la manière noire.

AMLING (Carl. Gustave). 1651-1702.

85 — Le Maréchal, comte de Tilly.

KILIAN (Philippe), 1714-1759.

86 — Marquard, évêque d'Eischstadt.

87 — Holesius, bourgmestre.

88 — Rupert, abbé, monastery campidonensis.

89 — Christophe Schorer, médecin.

90 — Anne-Marie Winklerin, femme d'Ausbourg.

91 — La même dans un autre costume.

CHODOWIECKI (Daniel), 1726-1801.

92 — W. Gœthe, poëte célèbre.

ÉCOLE NÉERLANDAISE

LEYDEN (Lucas van), 1494-1533.
(B. VII, p. 331)

93 — David jouant de la harpe. B. 27. Très-belle ép. avant l'adresse.

94 — Jésus présenté au peuple. B. 71. Pièce capitale, l'une des plus considérables de l'œuvre du maître et des plus recherchées. Superbe épreuve.

95 — Le Calvaire. B. 74. L'une des pièces les plus parfaites de l'œuvre du maître. Très-belle ép. du 1er état, avec l'année 1517 écrite à rebours.

96 — Le Retour de l'enfant prodigue. B. 78. Superbe ép.

LEYDEN (Lucas van), 1494-1533.

(B. VII, p. 331.)

97 — La Conversion de saint Paul. B. 107. Une des plus considérables et des plus rares de l'œuvre du maître. Superbe ép. Doublée.

98 — La Tentation de saint Antoine. B. 117. Superbe ép. Il existe une restauration vers le milieu de la pièce.

99 — Sainte Madeleine dans le désert. B. 123. *Très-rare* de cette beauté.

100 — Le Moine Sergius, tué par Mahomet. B. 126. Très-belle ép.

GOLTZIUS (Henri), 1558-1617.

(B. III, p. 1.)

101 — Les Chefs-d'Œuvre. B. 15-20. Suite de six estampes. Epreuves de toute beauté. *Très-rares dans cette condition.*

SWANENBURG (W), 1570-1612.

102 — Le Diable peintre et l'Amateur prisonnier de la volupté. *Rare.* Très-belle ep.

VORSTERMANN (Lucas), 1578-16.

103 — Jérôme de Bran, gouverneur des Pays-Bas. Très-belle ép. (*De la collection Camberlyn.*)

104 — Charles de Mallery, d'après van Dyck. Très-belle ép. avec l'adresse de Martin van den Eden.

105 — Wolf-Guill., comte palatin du Rhin, d'après van Dyck. Très-belle ép. avec l'adresse : G. H. Grandes marges.

DELPHIUS (WILHEST-JACOB), 1580-1628.

106 — Michel Mirevelt, d'après van Dyck. Très-belle ép. avec l'adresse G. H.

PONTIUS (PAUL), 1596-16.

107 — Henri van den Berghe, d'après van Dyck. Très-belle ép. avec l'adresse de Bonenfant. Doublée.

108 — Emm.-Frokas Perera, d'après van Dyck. Superbe ép., avec l'adresse G. H.

109 — Jacques Roelans. Magnifique ép.

110 — César-Alexandre Scaglia, d'après van Dyck. Superbe ép., avec l'adresse de Martin van den Eden.

JODE (PETER DE), fils, 1606-16.

111 — Paul Halmalia, d'après van Dyck. Très-belle ép.

112 — Henri Liberti, d'après van Dyck.

GALLE (THÉODORE), vers 1650-70.

113 — Sanitas, jolie petite pièce ovale. Très-belle ép.

VELDE (JEAN VAN DE), 1598-1670.

(Nagler XX, p. 10.)

114 — Deux Enfants dansant pendant la nuit, en présence de nombreux spectateurs, d'après Molyn. Bel effet de lumière. Très-belle ép.

115 — Histoire de Tobie, quatre pièces. Magnifiques ép.

VISCHER (Corneille), 1629-1698.

116 — Coppenol, maître écrivain de Hollande, vu jusqu'aux genoux, assis, tenant de la main droite une plume. Superbe ép. avant toutes lettres.

117 — Le Chirurgien, d'après Brouwer. Superbe ép. avant la lettre.

ÉCOLE ITALIENNE

PEREGRINI DE CESENA, vers 1460-1510.
(B. XIII, p. 205. Pass. V, p. 205.)

118 — Hercule, vainqueur de l'Hydre, *Nielle. Pass.* 25. *Duchesne* 249. Superbe ép. (*De la collection Marshall*).

BRESCIA (Giovan-Antonio de), vers 1490-1520.
(B. XIII. p. 317)

119 — Hercule et Antée. B. 13. Très-rare ép. tirée sur parchemin.

MONTAGNA (Benedetto), vers 1500-1553.
(B. XIII, p. 332. Pass. V, p. 153.)

120 — Saint Jérôme. B. 14. Pièce capitale. Superbe ép.

121 — L'Enlèvement d'Europe. B. 23. Épreuve en partie coloriée.

122 — L'Homme près de l'arbre. B. 28. Belle ép.

RAIMONDI (Marc-Antoine), 1488-15.

(B. XIV, p. 1.)

123 — Les trois saintes Femmes allant au sépulchre, d'après Michel-Ange. B. 33. Superbe ép.

124 — Didon. B. 187. *Pièce très-rare.* Superbe ép. Doublée d'un papier très-fin.

125 — Le Satyre et l'Enfant, d'après Raphaël. B. 281. Très-belle ép.

MAITRE ANONYME, vers 1550.

(B. XII, p. 144.)

126 — Arétin chantant son poème de la Sirène. B. 5. Clair-obscur. Très-belle ép.

FAGIROLI (Girolamo), vers 1560.

(Pass. 1, p. 326.)

127 — L'Amour à la corbeille de fruits. Pass. 678. Cicognara 152. Nielle.

ÉCOLE FRANÇAISE

MORIN (Jean), vers 1605-1666.

(Robert-Dumesnil, II.)

128 — Marie de Médicis, d'après Pourbus. R. D. 4. Des pièces douteuses.

NANTEUIL (Robert), 1630-1678.

(Robert-Dumesnil, IV.)

129 — Michel Letellier, chancelier de France. R. D. 130. Très-belle ép.

130 — Pierre Poncet. R. D. 215. Très-belle ép. du 2e état avant l'année 1673.

FROSNE (Jean), 1630-1673.

131 — Marie-Thérèse d'Autriche, femme de Louis XIV.

CHEREAU aîné, 1680-1729.

131 bis. — Conrad Detleu à Dehn, d'après Rigaud. Très-belle ép.

DREVET fils, 1697-1739.

131 ter — Paul Lillienstedt, d'après Schild. Très-belle épreuve.

SILVESTRE (Suzanne), vers 1710.

132 — Antoine van Dyck, d'après lui-même. Très-belle épreuve.

WILLE (Jean-George), 1715-1808.

133 — Concert de Famille, d'après Schalcken. Superbe ép. du 1er état avant toute lettre.

ÉCOLE ANGLAISE

GAYWOOD (Robert), né vers 1610.

134 — Rubens, d'après van Dyck. Très-belle ép.

VIVARES, 1709-1775.

135 — A. Land Storm, d'après Gasp. Poussin.

136 — Moon Light, d'après van der Neer (indiqué Verschure sur l'estampe). Épreuve d'essai avant la lettre. *Très-rare.*

STRANGE (Robert), 1721-1795.

137 — Charles Ier, roi d'Angleterre, en pied, d'après van Dyck. Épreuve superbe, avec marges.

II

LES EAU-FORTISTES

ÉCOLE HOLLANDAISE

REMBRANDT VAN RYN, 1608-1669.

138 — Rembrandt avec l'écharpe. B. 17. Belle ép.

139 — Adam et Eve. B. 28. Très-belle du 1er état.

140 — David et Goliath. B. 36. Superbe ép.

141 — Jésus prêchant, ou la petite Tombe. B. 67. Belle épreuve.

142 — Jésus guérissant les malades, dite la pièce aux cent florins. B. 74. Faible épreuve avant la retouche de Baillie. (Une déchirure à gauche.)

143 — Descente de Croix. Très-belle ép. Signée au verso : *P. Mariette*, 1674.

144 — Le grand Ecce homo. B. 77. Magnifique épreuve avant l'ombre formée par des contretailles sur le visage du juif, qui est au-dessus de celui qui tient le roseau. *Extrêmement rare.* Cette estampe a été pliée et a souffert au milieu. Il existe une petite déchirure au bas, vers la droite.

REMBRANDT VAN RYN, 1608-1669.

145 — La Mort de la Vierge. B. 99. Très-belle ép.

146 — Saint Jérôme dans le grand paysage. B. 104. Superbe ép. Signée au verso : *Rechberger*, 1798.

147 — Chasse aux Lions. B. 115. Très-belle ép.

148 — Autre chasse aux Lions. B. 116. Très-belle ép.

149 — L'Homme les mains derrière le dos. B. 135. Très-belle ép.

150 — L'Homme assis à terre. B. 196. Superbe ép.

151 — Femme au Bain. B. 199. Très-belle ép. sur papier du Japon.

152 — Femme nue, les pieds dans l'eau. B. 200. Très-belle ép.

153 — La même, magnifique ép. sur papier du Japon.

154 — Le Pont de Six. B. 208. Superbe ép. tirée sur papier à la folie. *Très-rare.*

155 — Ancienne vue d'Amsterdam. B. 210. Très-belle épreuve.

156 — La Chaumière au grand arbre. B. 226. Très-belle épreuve.

157 — Clément de Jonghe, 272, 4e état. Superbe ép. avec des barbes.

158 — Jean Asselyn, 277. Superbe ép. du 2e état, avec des vestiges du chevalet effacé, sur papier du Japon.

159 — Jean Sylvius, 280. Très-belle ép.

REMBRANDT VAN RYN, 1608-1669.

160 — Utenbogaerd, dit le Peseur d'or, 281. Ancienne et très-belle ép.

161 — Le même. Ancienne épreuve tirée sur papier du Japon, signée au verso : *Gawet*, 1828. (*Collection Rechberger.*)

162 — Griffonnements, 369. *Rare.* Très-belle ép.

LIVENS (JEAN), 1607-1663.

163 — L'Anachorète. B. 7. Belle ép. (*Collection Arozarena.*)

164 — Buste d'un jeune homme. B. 17. Superbe ép. avant l'adresse.

165 — J. Gouter. B. 59. Belle ép. avec l'*excudit* du maître.

KONINCK (SALOMON), 1609.

166 — Un Oriental. B. 69. Très-belle ép.

DUJARDIN (KAREL), 1635-1678.

167 — Frontispice. B. 1. Très-belle ép. avant la lettre.

168 — Le Mulet aux clochettes, 29. Très-belle ép. avant le numéro.

169 — Le Bœuf debout, 30. Très-belle ép. avant le numéro.

170 — Les Bâtiments avec la tour, 46. Très-belle ép. avant le numéro.

171 — Petit Paysage, 48. Très-belle ép. avant le numéro.

RUYSDAEL (JACOB), 1625-1681.

172 — Le petit Pont. B. 1. Très-belle ép. à l'eau-forte pure. *Rare.* Il y a une bande rapportée dans le haut, sur la largeur de l'estampe.

MIELE (JEAN), 1599-1664.

173 — Le Paysan. B. 3. Très-belle ép.

OSTADE (ADRIEN VAN), 1610-1685.

174 — Le Paysan avec une toque noire. B. 1. Très-belle ép. du 1er état.

175 — Le Paysan avec une toque pointue, 3. Très-belle ép. avant les lignes sur la lèvre, avec petites marges.

176 — Le Fumeur, 6. Très-belle ép. avant le trait échappé. (*Collection Simon.*)

177 — Le Vielleur, 8. Très-belle ép.

178 — Le Paysan appuyé sur le bas de sa porte, 9. Très-belle ép.

179 — Le Paysan les mains derrière te dos, 21.

180 — La Grange, 23.

181 — La Fileuse, 31. Première et très-belle ép. avec le trait carré légèrement exprimé.

182 — Le Bénédicité, 34. Superbe ép.

183 — Le Père de famille, 33. Superbe ép. (*Coll. Fries, Verstolck et Molasse.*)

184 — L'Homme et la Femme causant ensemble. 37. Première et très-belle ép. d'eau-forte pure.

OSTADE (Adrien Van), 1610-1685.

185 — Les Musiciens ambulants, 38. Très-belle ép.

186 — Le Charcutier, 39. Bel effet de lumière. Très-belle ép.

187 — Le Charlatan, 43. Première et superbe ép. d'eau-forte pure. *Rare.*

188 — Le Joueur de violon bossu, 44. Magnifique épreuve signée au verso : *P. Mariette*, 1668 *Collection Dreux.*)

189. — La Fête sous la treille, 47. Première et très-belle ép. avant que le trait carré ait été renforcé; signée au verso : *P. Mariette*, 1668.

190 — Le Goûter, 50. Très-belle ép. avant la lettre. La marge est coupée.

WOUVERMANS (Philippe), 1620-1668.

(Bartsch, vol. I, p. 395.)

191 — Le Cheval. Pièce unique du maître. *Extrêmement rare.* Très-belle ép.

EVERDINGEN (Aldert van), 1621-1675.

192 — Le Tréteau de charpentier. B. 21. 1er état, avec la bordure faible.

193 — Le Rocher sortant du milieu de la rivière, 40. 1er état.

194 — La Rivière au bas du grand rocher, 44. 1er état.

195 — Les deux Hommes sur la terrasse, 46. 1er état.

EVERDINGEN (ALDERT VAN), 1621-1675.

196 —*Le Rocher percé, 47. 1er état.

197 — Les deux Hommes à la porte, 48. 1er état.

198 — Le Charpentier de village, 49. 1er état.

199 — Les Pins dans l'eau, 68. 1er état.

SWERTS (MICHEL), 1649.

200 — Guillaume van den Borcht. B. 4. Superbe ép.

201 — Portrait du maître. B. 5. Superbe ép.

ZEEMAN (REINIER), 1616.

202 — Marine. Pièce *non décrite, extrêmement rare.*

CASEMBROT (ABRAHAM), vers 1650.

203 — Marine avec deux vaisseaux. Très-belle ép.

BOTH (JEAN), 1610-1650.

204 — Le Muletier. B. 6. Première et très-belle ép. avant le nom. Petites marges.

BOTH (ANDRÉ), 1609-1650.

205 — L'Anachorète. B. 2. Superbe ép. avec marges. *Très-rare.*

206 — Les Ivrognes et les Fumeurs B. 10. Superbe ép.

BERGHEM (Nicolas), 1624-1683.

(B. V, p. 245.)

207 — Pâtre jouant du flageolet. B. 6. Rare et très-belle ép. tirée avant le numéro 51, à droite de la marge du bas.

208 — Les Vaches à la laitière. B. 23-28. Suite de six pièces. Superbes ép.

DUSART (Corneille). 1665-1704.

209 — Le Couple ivre. B. 7. Superbe ép. (*Collection Arozerena.*)

MOOR (Carle de). 1656-1738.

210 — Jean Van Goyen, peintre. Rare. Superbe ép.

JANSON (Jean). 1729-1784.

211 — Les Vaches au pâturage. Très-belle ép.

ÉCOLE FLAMANDE

DYCK (Antoine van). 1599-1641.

212 — Pierre Breughel. *Carpenter*, p. 104. Superbe ép. du premier état avant toute lettre. Grandes marges. *Très-rare dans cette condition.*

DYCK (ANTOINE VAN), 1599-1641.

213 — Jodocus de Momper. *Carpenter* p. 115. Superbe ép. du premier état avant toute lettre. Grandes marges, *très-rare* danscette condition.

214 — Jean Snellinx. Carpenter p. 123. Superbe ép. du premier état avant toute lettre. Grandes marges *très-rare* dans cette condition.

215 — Le Christ couronné d'épines. Carpenter, p. 146. Superbe ép. du troisième état, *avec l'adresse de Bon enfant.* (*Il existe 3 états postérieurs*).

GOUDT (Comte de). 1585-1630.

216 — Tobie et l'ange d'ap. Elsheimer. Belle ép.

FRUYTIERS (PHILIPPE). 1625-1660.

217 — Marius-Amb. Capello. Superbe ép.

218 — Jacob Edelheer. Superbe ép.

BOUT (PIERRE). Vers 1650.

219 — Le Traîneau. B. 3. Très-belle ép.

ÉCOLE ALLEMANDE

HIRSCHVOGEL (AUGUSTIN). 1506-1560.

220 — Vue d'une ville. B. 76. Superbe ép.

AMMAN (Jobst). 1539-1591.

221 — Charlemagne et sa famille.

222 — Pépin.

223 — Bernard.

DIETERLIN (Wondel). 1550-1594.

224 — Titre avec ornements.

PLEGINCK (Martin). Vers 1590.

225 — Les Noces de Cana, d'ap. André Vicentino, en 2 planches.

WEINER (Hans). (Une grappe de raisin sous le monogramme). 1597-1640.

226 — Ecce homo. Très-belle ép.

WECHTER (Hans). Vers 1599.

227 — Vue de Nuremberg du côté de l'est, en 3 planches.

228 — Vue de Nuremberg du côté de l'ouest, en 3 planches.

ROOS (Henri). 1631-1685.

229 — Différents animaux. B. 18-30. Suite de 13 estampes y compris le titre. Superbes ép. du premier état avant les numéros.

HOLLAR (VENCESLAS).

230 — Charles II, roi d'Angleterre, d'ap. Vandyck. Superbe ép.

231 — Le jeune Homme jaloux. *Très-rare.*

DIETRICH (CHR.-WIL-ERN.). 1712-1774.

232 — Paysage avec une tour. Superbe ép. du 1er état.

ÉCOLE ITALIENNE

GUIDO-RENI. 1575-1642.

233 — La Sainte Famille. B. 9. Très-belle ép. avant la lettre.

TESTA (PIETRO). 1611-1650.

234 — Le Sacrifice d'Abraham. B. 2. Superbe ép.

MENGARDI (GIO. BATTISTA). Vers 1750.

235 — Le Sacrifice d'Abraham.

ÉCOLE FRANÇAISE

BLERY (EUG.-STAN.-ALEX.). 1805.

236 — Un Paysage boisé avec un fleuve à droite. Très belle ép. papier de chine.

RENOU et MAULDE, imprimeurs de la Compagnie des Commissaires-Priseurs, rue de Rivoli, 144. 22235

www.ingramcontent.com/pod-product-compliance
Ingram Content Group UK Ltd.
Pitfield, Milton Keynes, MK11 3LW, UK
UKHW020509180726
13839UKWH00004B/1988